Die vierzehn Nothelfer

ST. VITUS

ST. BARBARA

ST. KATHARINA

ST. GEORG

ST. NIKOLAUS

INRI

ST. MARGARETE

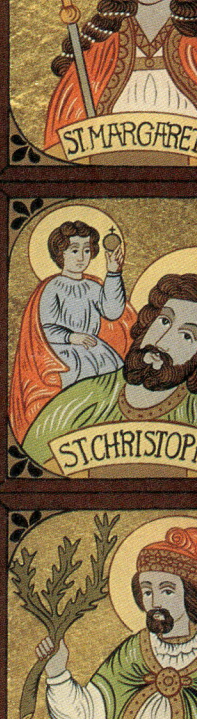
ST. CHRISTOPH

ST. PANTALEON

ST. LEONHARD

ST. ÄGIDIUS

ST. ACHATIUS

ST. ERASMUS

ST. BLASIUS

ST. EUSTACHI

Albert Bichler

Die vierzehn Nothelfer

Pattloch

Danksagung

Der Autor dankt Frau Berta Reißner vom Bayerischen Landesverein
für Heimatpflege für wertvolle Hinweise bei der Auswahl der Lieder.

Die Deutsche Bibliothek – CIP-Einheitsaufnahme

Bichler, Albert: Die vierzehn Nothelfer /
Albert Bichler. – Augsburg : Pattloch, 1998
ISBN 3-629-00757-0

Gedruckt auf chlorfrei gebleichtem Papier.

Pattloch Verlag, Augsburg
© 1998 Weltbild Verlag GmbH
Umschlagfoto: Claus Hansmann, Stockdorf
Innenteil Abbildungen: Hinterglaswerkstätten Leonding, Österreich
bearbeitet von Peter Großauer und Reinhold Pillweis
Gesamtgestaltung: Daniela Meyer und Ruth Bost, Pattloch Verlag
Reproduktion: Repro Ludwig, A-Zell am See
Druck und Bindung: Offizin Andersen Nexö Leipzig – ein Betrieb
der INTERDRUCK Graphischer Großbetrieb GmbH
Printed in Germany

ISBN 3-629-00757-0

Inhalt

Regional verehrte Nothelfer

Verehrung von Heiligen als Nothelfer

Wie in anderen Religionen wurden auch im Christentum schon in frühester Zeit Menschen, meist nach ihrem Tod, wegen ihrer Glaubenstreue in besonderer Weise verehrt. So entstand ein Kult um Martyrer und gottergebene Männer und Frauen, die den Christen Vorbilder und Fürsprecher bei Gott waren. In unseren Namenstagskalender konnten freilich nur einige der von den Christen verehrten Heiligen Aufnahme finden.

Im Mittelalter, in einer Zeit größter menschlicher Nöte und Gefahren, kam es zur Bildung einer Gruppe von Heiligen, die in besonderer Weise als Helfer angerufen wurden. Es waren allesamt Heilige, die aus der Ostkirche hervorgegangen sind. Bis auf eine Ausnahme erlitten sie den Martyrertod.

Die Kunde von den unbekannten Heiligen aus dem Orient gelangte im Mittelalter durch die Kreuzfahrer in den Westen. Erste Spuren lassen sich in den griechischen Kolonien in Unteritalien und Sizilien nachweisen. Es war die Zeit, als die gefürchtete Pest über Jahrhunderte hinweg die Menschen in Angst und Schrecken versetzte und auch ins Abendland gelangte. Da lag es nahe, sich der Fürbitte von Heiligen zu versichern. In ihrer Verzweiflung suchten die Menschen Nothelfer gegen den „Schwarzen Tod", gegen Hunger und Krieg.

Seit wann es eine Nothelferverehrung in unserer Heimat gibt, ist nicht genau zu sagen. Erste Anfänge des Nothelferkultes lassen sich um 1300 in Regensburg nachweisen, wo Nothelfer als Patrone von Spitälern und Kirchen verehrt wurden. In der ältesten Münchner Pfarrkirche, in St. Peter, läßt sich für den 12. September 1348 eine Kerzenstiftung für den Nothelfer-Altar belegen. Altäre entstanden auch in Bamberg in der Kirche der Frauenbrüder in der Au und in der Pfarrkirche von Pommersfelden. Ein Hinweis auf die im Spätmittelalter einsetzende Verehrung der vierzehn Heiligen ist auch ein Fresko in der St. Lorenz-Kirche in Nürnberg aus dem Jahre 1421 sowie in der Dominikanerkirche in Bamberg um 1400.

Als geschlossene Gruppe sind uns die Nothelfer in Regensburg erst um das Jahr 1400 bekannt. In einer Handschrift aus dem Jahre 1408 werden erstmals die Namen der vierzehn Nothelfer so aufgeführt, wie wir sie heute kennen. Genannt werden sie 1441 auch bei der Weihe der Karmeliterkirche in Bamberg. War bislang der Kreis der Nothelfer noch nicht ganz fest, so setzte sich seit 1520 allgemein die Regensburger „Normalreihe", also die heutige Gruppierung durch.

Wenn Regensburg zu einem frühen Zentrum der Nothelferverehrung wurde, so ist dies vor allem das Verdienst der Bettelorden der Dominikaner und Minoriten. Damit kamen sie auch einem Bedürfnis der sich in Zünften zusammenschließenden Handwerker und Kaufleute entgegen, die sich Schutzpatrone in ihren Anliegen wünschten. Die Bettelmönche machten die Menschen in der Donaustadt mit dem Leben der Heiligen bekannt, die als Nothelfer in den großen Gefahren und Nöten angerufen werden konnten. Es waren die vielfältigen körperlichen Gebrechen und anderen Notlagen, gegen die es in damaliger Zeit keine wirksame Hilfe gab. So rief man St. Christophorus und Ägidius gegen die Pest an, Dionysius gegen Kopfschmerzen, Barbara gegen Fieber, Georg, Erasmus und Pantaleon gegen Krankheiten der Tiere.

Zur Verbreitung des Nothelferkultes wesentlich beigetragen haben, vor allem nach den Erscheinungen von Frankenthal im Jahre 1445, die Zisterzienser. Es waren ja auch die Zisterziensermönche von Langheim, die in Vierzehnheiligen bei Staffelstein ein Zentrum der Nothelferverehrung entstehen ließen. In Raitenhaslach bei Altötting in Oberbayern errichteten die „weißen Mönche" in ihrer barocken Klosterkirche einen Altar zu Ehren der vierzehn Nothelfer und förderten den Aufbau einer Bruderschaft.

Der Kreis der Nothelfer

Die Verehrung von Heiligen ist Ausdruck einer Frömmigkeit, die bis in die früheste Zeit des Christentums zurückreicht. In ihrer Hilflosigkeit sahen die Menschen in den Heiligen Helfer in all ihren körperlichen und seelischen Gebrechen und Nöten. Wurde das Bittgebet erhört, so erhöhte das die Wertschätzung der Heiligen. Dies kam auch in den lateinischen Bezeichnungen zum Ausdruck: Man nannte sie Auxiliatores, Intercessores, Adjutores – Helfer, Gehilfen, Nothelfer. Wurde Hilfe erlangt, so sprach es sich schnell herum. In legendären Berichten wurde die Kraft der Nothelfer überschwenglich gepriesen, so in der bekannten mittelalterlichen Legendensammlung „Legenda Aurea" des Dominikanermönches Jakobus de Voragine.

Wie die uns bekannte Gruppierung der Nothelfer entstand, ist nicht hinreichend erforscht. In den Namen der Nothelfer kommt aber eindrucksvoll die große Schutzbedürftigkeit des mittelalterlichen Menschen zum Ausdruck.

Doch wie kam es gerade zur Bildung einer Gruppe mit vierzehn Heiligen? Die Zahl 14 ist sicherlich nicht zufällig gewählt worden. Sie ist voller Symbolik und auch Mystik und in vielen Religionen eine heilige Zahl. In 14 steckt zweimal die Zahl 7, und sieben ist eine heilige Zahl, was sich in 7 Sakramenten und 7 Gaben des Heiligen Geistes ausdrückt. Es gibt 7 Wochentage, 7 freie Künste, 7 Tugenden und 7 Seligpreisungen. Jesus kam auf 14 Kreuzwegstationen zum Berg Golgatha. Nicht unerwähnt soll das bekannte Kindergebet sein: „Abends wenn ich schlafen geh, vierzehn Engel bei mir stehn..." Von hier ist sicher auch eine Brücke zu den vierzehn Nothelfern zu schlagen.

Die heute vertraute Gruppe der vierzehn Nothelfer war lange Zeit nicht ganz fest. Je nach Gegend wurden einige Heilige ausgewechselt, meist Dionysius und Cyriakus. An ihre Stelle traten regional Nikolaus, Leonhard, Rochus, Sebastian, Wolfgang und Magnus. Erst nach der Erscheinung von Frankenthal, festigte sich die bekannte Zusammensetzung der Nothelfer.

Vierzehnheiligen –
Zentrum der Nothelferverehrung

Man schrieb das Jahr 1445, als dem Schäfer des Klosters Langheim (bei Lichtenfels), Hermann Leicht, am 24. September gegen Abend auf einem Acker ein weinendes Kind erschien. Als er näher hinzutreten wollte, war das Kind wieder verschwunden. In einer zweiten Vision erblickte er abermals das Kind, doch nun zu beiden Seiten je eine Kerze. Im darauffolgenden Jahr, am 28. Juni 1446, schaute er wiederum das Kind, diesmal mit einem roten Kreuz auf dem Herzen und umgeben von vierzehn Kindern, alle gleich gekleidet, halb weiß, halb rot. Das Kind in der Mitte des Kreises sagte zu dem Schäfer: „Wir sind die vierzehn Nothelfer und wollen eine Kapelle haben, auch gnädiglich hier rasten." Daraufhin verschwand die Kinderschar in den Wolken. Auf den Bericht des Klosterschäfers hin errichtete man noch im selben Jahr an der Stelle der Erscheinungen ein Kreuz.

Wenige Tage nach der letzten Erscheinung des Schäfers wurde ein erstes Wunder bekannt: Eine todkranke Magd aus Langheim wurde nach Anrufung der vierzehn Nothelfer geheilt. Die Kunde davon sprach sich rasch herum, und fortan kamen immer mehr Hilfesuchende ins Frankenthal, wie die Gegend um den späteren Gnadenort Vierzehnheiligen hieß.

Die Kunde von den Erscheinungen der vierzehn Nothelfer verbreitete sich in der Mitte des 15. Jahrhunderts in Windeseile im gesamten süddeutschen Raum und darüber hinaus. Bald schon kamen Pilger aus Franken, Bayern und Tirol, ja sogar aus Sachsen und Schlesien.

Rückschläge blieben nicht aus: 1525 wurde die kleine Kirche im Bauernkrieg zerstört und 1543 wieder aufgebaut. In der Zeit der Gegenreformation entschloß sich Abt Stephan Mösinger angesichts des stark zunehmenden Pilgerstroms zu einem Kirchenneubau, der ein Lobpreis auf die vierzehn Nothelfer sein sollte.

Nach längerem Hin und Her beauftragte der Bamberger Fürstbischof Friedrich Karl v. Schönborn seinen ersten Baumeister, den Ingenieur und Artillerie-Obristen Balthasar Neumann, mit der Planung. Wegen eigenmächtiger Änderungen seiner Entwürfe durch den thüringischen Baumeister Krohne wollte Neumann das Werk nicht mehr vollenden, entschloß sich aber dann doch zur Fertigstellung. In einer genialen Lösung schuf er, trotz der Planungsänderungen, bis 1772 eine Kirche, die als Krönung der deutschen Barockkunst im Kirchenbau gilt. In das Zentrum der weithin sichtbaren Kirche stellte er den Gnadenaltar, den Altar mit den Figuren der vierzehn Nothelfer: St. Dionysius und Blasius, Cyriakus und Erasmus, Achatius und Ägidius, Christophorus und Eustachius, Vitus und Pantaleon, Georg und Margarete, Barbara und Katharina.

Wallfahrerlied aus Vierzehnheiligen

Vierzehn Heil'gen hoch erhoben,
Wie die Fürsten auf dem Thron,
Herrschet nun im Himmel droben,
Habt erlangt ihr Ehrenkron'.
Ewig wird seyn eure Wohnung,
Ohne Furcht in Christi Reich.
Ewig währet die Belohnung,
Seyd den Himmelsfürsten gleich.
Wirket Wunder hier auf Erden,
Helfet Allen aus der Noth.
Laßt uns zugesellet werden
Euch im Himmel nach dem Tod!

Achatius

Der hl. Achatius gehört zu jenen Heiligen, über die uns keine gesicherten Erkenntnisse vorliegen. Nach einer alten Tradition, die auf die Dominikaner zurückgeht, gab es einen Bischof von Melitene in Armenien, der am Konzil von Ephesus (431) teilgenommen hat.

Wahrscheinlicher ist, daß Achatius aus der Provinz Kapadozien in der heutigen Türkei stammte und zur Zeit des Kaisers Diokletian als Offizier im römischen Heer diente. Er zeichnete sich durch große Einsatzfreude und Pflichttreue aus und fand sehr bald das Vertrauen seiner kaiserlichen Vorgesetzten. So wurde er Hauptmann und Oberst im kaiserlichen Heer.

Als sich Achatius aber der noch kleinen Christengemeinde anschloß, wollte er nicht mehr den vielen Göttern im römischen Reich dienen. Bald kam er in einen ernsthaften Konflikt mit dem Kaiser: Wie konnte er dem Kaiser die Treue halten und gleichzeitig in seinem Auftrag die Christen verfolgen? Dies konnte er nicht mit seinem Gewissen vereinbaren.

Achatius bekannte sich tapfer zu seiner Entscheidung für den Gott der Christen, obgleich er wußte, was das für ihn bedeutete. Er wurde aus dem kaiserlichen Heer entlassen und mußte viele Folterungen ertragen. Auf diese Weise wollte man ihn zum Widerruf seines Bekenntnisses zwingen. Doch Achatius blieb seiner Entscheidung treu und ließ sich auch durch größte Grausamkeiten nicht mehr umstimmen. Er wurde mit anderen Christen nach Byzanz verschleppt und dort auf dem Folterrad hingerichtet.

Das tapfere Zeugnis des Achatius hat die verfolgten Christen sehr bestärkt. Viele ließen sich taufen und legten alle Furcht ab. Aber auch sie mußten ihre Abkehr von den heidnischen Göttern mit dem Leben bezahlen. Achatius wurde außerhalb der Stadtmauer bestattet. Über seinem Grab errichtete man zu seiner Ehre eine Kirche.

Nach der Legende kamen Christen des Nachts heimlich auf den Richtplatz und legten den Leichnam des tapferen Blutzeugen in einen Sarg, von dem viele Wunder ausgegangen sein sollen. Obgleich es sich um einen Zinnsarg handelte, soll er im Meer nicht untergegangen sein. Die Wellen sollen ihn von der oströmischen Hauptstadt Byzanz nach Kalabrien in Unteritalien und dort zur Stadt Chale getragen haben. Dort fand sein Leichnam eine letzte Ruhestätte. Über seinem Grab errichteten die Christen eine Kirche zu Ehren des Martyrers, der schon bald als Heiliger verehrt wurde. Die Christen flehten ihn in vielen Notlagen um seine Hilfe an und fanden gar oftmals Erhörung ihrer Bitten.

Die legendäre Ausschmückung seiner Lebensgeschichte beeindruckte in späteren Jahrhunderten auch die Kreuzfahrer. Durch sie kam der Kult um den Heiligen aus der frühchristlichen Zeit in den Westen.

Auf vielen Altären ist St. Achatius dargestellt. Besonders eindrucksvoll ist die Figur des Heiligen auf dem Nothelferaltar in Vierzehnheiligen. Reliquien werden auch in Weingarten, Hirsau und Lorch verehrt.

Darstellung als Soldat mit Kreuz und Dornenkrone

Nothelfer in vielen Lebensnöten, bei Zweifel und in Todesangst,
bei Streit, gegen Verfolgung und Feuer

Wetterregeln:
An Achazi warmer Regen
bedeutet Früchtesegen.

Viermal Juniregen
bringt zwölfmal Segen.

Namensfest: 22. Juni

ST. ÄGIDIUS

Ägidius

Unter den vierzehn Nothelfern ist St. Ägidius der einzige, der sein Bekenntnis zu Christus nicht mit dem Martertod bezahlen mußte. Er stammte aus einem griechischen Adelsgeschlecht in Athen, wurde christlich erzogen und kam über Rom nach Südfrankreich. Hier suchte er die Einsamkeit in den großen Wäldern.

Nach der Legende besuchte den Einsiedler jeden Tag eine Hirschkuh, die ihn mit Milch versorgte. Als sie von den Jägern des Königs verfolgt wurde, floh sie zu

Ägidius und legte sich hilfesuchend vor seine Füße. Eine unsichtbare Mauer schirmte das schutzlose Tier von den Jägern ab. Als die Jäger am nächsten Tag abermals kamen, konnten sie wiederum nicht zur Hirschkuh vordringen. Am dritten Tag nahm der König an der Jagd teil. Diesmal schoß ein Jäger einen Pfeil ins Dornendickicht, wo sich das Tier versteckt hielt. Doch der Pfeil traf nicht die Hirschkuh, sondern Ägidius, der sich schützend vor sie gestellt hatte. Als der König den blutenden Einsiedler fand, war er entsetzt. Er bot ihm Geld an, doch dieser lehnte ab. Sein Wunsch war lediglich, daß ihm der König beim Bau eines Klosters behilflich wäre. Diese Bitte erfüllte der König, und schon bald kamen Mönche, denen Ägidius ein gütiger Abt war. Hier in seinem Kloster Saint-Gilles in der Provence starb Ägidius am 1. September des Jahres 720.

Die französische Stadt Saint-Gilles an der Rhonemündung trägt den Namen des einfachen Mönches. Hier ist auch sein Grab. Es war im Mittelalter ein vielbesuchter Wallfahrtsort, zumal von Jakobspilgern, die auf ihrem Pilgerweg nach Santiago de Compostela hier Station machten. Die Klosterkirche über der letzten Ruhestätte des Heiligen ist ein großes Kunstwerk, das viele Besucher anzieht.

Von Frankreich breitete sich die Verehrung von St. Ägidius nach Deutschland aus. Man weihte ihm im Mittelalter eine Vielzahl von Klöstern und Kirchen, z. B. in Münster, Nürnberg, Hildesheim, Braunschweig und Lübeck. Zahlreiche Ortsnamen weisen auf Ägidius hin: Gillenberg bei Aachen, Gillersheim bei Hildesheim, Ilgesheim bei Trier, St. Gilgen am Wolfgangsee (Salzburg), St. Ilgen bei Heidelberg. Große Verehrung genießt der Heilige in Kärnten und in der Steiermark, wo er früher sogar Landespatron war.

Wie groß die Wertschätzung des Heiligen aus der Provence gewesen sein muß, beweist seine Aufnahme in den Kreis der Nothelfer. Wegen der Hirschkuh sahen schon bald die Jäger in ihm einen Helfer bei Viehseuchen. So wurde er neben St. Leonhard einer der großen bäuerlichen Heiligen des Mittelalters. Daneben erwählten ihn die Jäger und Hirten zu ihrem Schutzpatron. Und sogar stillenden Müttern sollte er beistehen.

Darstellung als Einsiedler in einer Höhle mit einer Hirschkuh einen Pfeil in der Brust, manchmal mit einem Pfeil in der Brust des Heiligen

Patron der Jäger und Hirten, der stillenden Mütter, Bettler und Aussätzigen

Nothelfer bei Viehkrankheiten, bei Dürre, Feuer und Sturm, in seelischer Not und Verlassenheit

Wetterregeln:
Wenn Sankt Ägidius bläst ins Horn,
so heißt es: Bauer, sä dein Korn!

Ist's um Ägidi schön,
wird der ganze Herbst gut stehn.

Säst du Korn am Ägidientag,
es dir wohl geraten mag.

Namensfest: 1. September

Barbara

Aus dem Kreis der vierzehn Nothelfer ragen drei Frauengestalten heraus. Eine von ihnen ist Barbara. Die Heilige erfreut sich bei uns seit Jahrhunderten größter Beliebtheit, was auch in den vielen Patronaten zum Ausdruck kommt, die man ihr zugedacht hat.

Die historische Gestalt von St. Barbara läßt sich nicht nachweisen. Es liegen uns keine gesicherten Quellen über ihr Leben vor. Wenn wir uns trotzdem ein so anschauliches Bild von ihr machen können, dann verdanken wir dies den vielen Legenden, die sich um sie ranken.

Barbara soll ein hübsches junges Mädchen aus Nikomedien, dem heutigen türkischen Izmit, östlich von Istanbul, gewesen sein. Ihr Vater Dioskuros war von ihrer Schönheit so begeistert, daß er sie vor unwillkommenen Verehrern abschirmte. So schreckte er nicht zurück, sie in einen Turm einzusperren, wenn er längere Zeit abwesend war. Hier gelang es ihr, die Bauarbeiter zu überreden, statt der zwei von ihrem Vater gewünschten Fenster drei Turmfenster anbringen zu lassen. Die drei Fenster sollten ein Zeichen für die göttliche Dreifaltigkeit sein. Ganz entgegen dem Willen des Vaters schaffte sie es auch, mit der Außenwelt in Kontakt zu treten, besonders mit dem großen Kirchenlehrer Origines aus Alexandrien. Bald schon entschloß sie sich, taufen zu lassen.

Nach seiner Rückkehr entdeckte der Vater die Veränderungen im Turm. Dies erregte seinen Zorn, zumal ihm Barbara bekannte, daß sie Christin geworden sei. Darüber war er so erbost, daß er sie auf der Stelle töten lassen wollte, doch konnte sie entkommen. Es öffnete sich eine Felsspalte und verschlang Barbara. Als sie dem Vater wieder sichtbar wurde, verfolgte er seine unfolgsame Tochter, peitschte sie aus, legte sie in Ketten und meldete sie dem Statthalter Marcianus als Christin. Dieser war von ihrer Schönheit betört und wollte sie zu seiner Frau haben. Als sie ihn zurückwies, ließ er sie wutentbrannt geißeln. Doch Barbara blieb standhaft. Am nächsten Tag quälte er sie noch mehr. Er ließ sie entkleiden, über den Marktplatz treiben und ihre Haut mit Fackeln verbrennen. Doch auch mit diesen Folterungen konnte er den Willen des tapferen Mädchens nicht brechen. In seiner Verzweiflung übergab er sie wieder ihrem Vater, der sie mit dem Schwert tötete. Das soll im Jahre 306 gewesen sein.

Obgleich die hl. Barbara so wenig geschichtlich zu fassen ist, liegt uns durch die Legende eine detaillierte Lebensbeschreibung vor. Es hat den Anschein, daß ihre Gestalt die Christen besonders fasziniert und begeistert hat. Wegen ihres Lebenslaufes sahen sie in ihr die gewünschte Patronin und Helferin in vielen Lagen. So erwählte man sie im Mittelalter zur großen Sterbepatronin. Man rief sie an als

Fürbitterin in allen lebensgefährlichen Situationen, wenn ein jäher Tod und damit Tod ohne Empfang der Sterbesakramente drohte. Darüber hinaus sah man in ihr eine Anwältin der Armen Seelen im Fegefeuer. Darauf weisen Kelch und Hostie hin, die ihr auf Abbildungen oft als Attribute beigegeben sind. Auf dem Lande war es da und dort noch in diesem Jahrhundert Brauch, nach dem häuslichen Rosenkranz ein Vaterunser um Barbaras Hilfe in der Todesstunde zu beten. Neben Kelch und Hostie haben Künstler die Heilige mit einem Turm dargestellt. Damit wird auf den Turm Bezug genommen, in den sie ihr Vater sperrte.

Viele Berufsgruppen haben sich die hl. Barbara zu ihrer Schutzpatronin erwählt. Das sind die Maurer und Bauarbeiter, Architekten und alle, die mit Feuer und Eisen zu tun haben. Zu ihnen zählen die Feuerwerker, Gießer, Glöckner und Kanoniere. Verehrt wird die Heilige auch von den Steinhauern, Köchen und Hutmachern.

Eine sehr enge Verbindung mit der hl. Barbara haben seit jeher die Bergleute, was wiederum die Legende erklärt. Für sie ist der Barbaratag das Hochfest ihres Standes. In zahlreichen Zechen wird noch heute ein feierlicher Gottesdienst gefeiert. Früher erhielten in Salzburg die Knappen ein Barbarabrot. Und lange war es guter Brauch, daß die Bergleute in der Barbaranacht Speisen und Getränke für die „Bergmandl" aufstellten. Vor dem Tod unter Tage sicherten sie sich durch das Anzünden eines Barbaralichtes. In Liedern wurde die Hilfe der Bergpatronin erfleht.

Viele Kirchen und Altäre wurden und werden St. Barbara geweiht. Daneben gibt es viele Zeichen der Volksfrömmigkeit, in denen sich die große Verehrung der Heiligen ausdrückt. Erinnert sei an Votivbilder, die in Wallfahrtsorten hängen, an Flurdenkmäler und an die kleinen Andachtsbilder, die früher sehr beliebt waren.

Die große Popularität der hl. Barbara zeigt sich auch in einem sehr beliebten Brauch bei uns. So werden am 4. Dezember Barbarazweige in eine Vase mit Wasser ins warme Zimmer gestellt. Dafür eignen sich vor allem Kirsch-, Zwetschgen- und Forsythienzweige. Man hofft, daß die Zweige bis Weihnachten zum Grünen und Blühen kommen. In der wachstumslosen Zeit sind die Barbarazweige ein Symbol der Hoffnung und des neuen Lebens.

Beim Schneiden der Zweige galt es früher, einige Regeln zu beachten. So sollte in der Nacht vor dem Barbaratag vor Sonnenaufgang geschnitten werden, und dabei sollte nicht gesprochen werden. In den Bereich des Aberglaubens gehörte es, wenn die Mädchen vom Aufblühen der Zweige die erwartete Hochzeit ableiteten. Daneben glaubte man, Gesundheit, Krankheit oder Tod vom Aufblühen oder Verdorren der Barbarazweige ablesen zu können. Früher hängte man an jeden Zweig kleine Schilder mit den Namen aller Mitglieder einer Familie. Man achtete genau darauf, welche Zweige bis Weihnachten Blüten zeigten. Ein blühender Barbarazweig bedeutete Glück. So wurde der Barbaratag zu einem wichtigen Lostag.

Die hl. Barbara war ebenso wie die hl. Katharina von Alexandrien und die hl. Margarete schon immer sehr beliebt. So heißt es im Volksmund von ihnen:

> *Margarete mit dem Wurm,*
> *Barbara mit dem Turm,*
> *Katharina mit'm zerbrochenen Radl,*
> *das sind die drei heiligen Madl.*

Dich Sankt Bar - ba - ra wir grü - ßen,
du hast Gott den Herrn ge-liebt. Hast dein Le - ben
dem ge-schen-ket, der dir e - wigs Le-ben gibt.
Da-rum heut wir zu dir be-ten. In der Not und
in Ge-fahr uns dein treu - e Hilf wollst ge-ben,
uns vor jä - hem Tod be - wahr.

2. Dich Sankt Barbara wir ehren, Schutzpatronin der Bergleut,
   wollest Gott für uns auch bitten, daß Gesundheit er verleiht.
   Und sein Segen mög er geben, dessen wir bedürfen all,
   daß nach diesem Erdenleben Gottes Gnad wir erlangen all.

3. Dieses Lied zu deiner Ehre, heilige Barbara, erklingt,
   Gott der Herr hat dich uns geben, daß ein jeder zu ihm find.
   Gott den Schöpfer laßt uns preisen, seine Macht und Herrlichkeit,
   laßt uns Ehre ihm erweisen bis in alle Ewigkeit.

Am Barbaratag

Geh in den Garten am Barbaratag.
Geh zum kahlen Krischbaum und sag:
„Kurz ist der Tag, grau ist die Zeit.
Der Winter beginnt, der Frühling ist weit.
Doch in drei Wochen, da wird es geschehen:
Wir feiern ein Fest wie der Frühling so schön.
Baum, einen Zweig gib du mir von dir!
Ist er auch kahl, ich nehm' ihn mit mir.
Und er wird blühen in leuchtender Pracht
mitten im Winter in der Heiligen Nacht."

Josef Guggenmos

Darstellung als Jungfrau mit Kelch und Hostie oder mit einem Turm

Patronin der Maurer, Bauarbeiter, Architekten, Bergleute, Feuerwerker, Gießer, Glöckner, Steinhauer, Köche und Hutmacher

Nothelfer für eine gute Sterbestunde, für die Schwerkranken, Sterbenden und die Armen Seelen

Brauchtum: Barbaralicht im Bergwerk, Barbarabrot für die Knappen, Barbarazweige

Wetterregel: Geht St. Barbara im Grünen, kommt's Christkind im Schnee.

Namensfest: 4. Dezember

Blasius

Gleich nach dem Fest Mariä Lichtmeß (2. Februar) feiert die Kirche das Namensfest eines Heiligen, der eigentlich nur wegen des Segens bekannt ist, der an diesem Tag in der Kirche erteilt wird. Es ist der hl. Blasius. Wir wissen nur wenig über ihn. So kam es, daß sich viele Legenden um sein Leben bilden konnten.

Blasius soll im 3. Jahrhundert in der Stadt Sebaste (heute Siwas im östlichen Kleinasien) in Armenien gelebt haben. Wegen seiner Hilfsbereitschaft war er bei den Menschen sehr beliebt. Nach dem Tod des Bischofs wählten sie ihn zu seinem Nachfolger.

Als Blasius sein Hirtenamt antrat, setzten neue Christenverfolgungen durch Kaiser Diokletian ein. Auf Wunsch der Gemeinde versteckte er sich in einer Gebirgshöhle, wo ihm Vögel Speisen brachten, so daß er die schwere Zeit überleben konnte. Aber schließlich wurde er von den Soldaten des römischen Statthalters entdeckt. Sie nahmen ihn gefangen und warfen ihn in den Kerker. Hier besuchten ihn viele und erbaten seinen Rat und Trost.

Nach der Legende brachte eine Mutter ihren Sohn, dem eine Fischgräte im Hals steckengeblieben war. Blasius legte ihm die Hand auf und betete für ihn. Daraufhin war er bald wieder gesund.

Als sich Blasius weigerte, dem christlichen Glauben abzuschwören, mußte er grausame Folterungen über sich ergehen lassen. Zuletzt wurde er enthauptet. Das war im Jahre 287.

Die Verehrung des Kirchenmannes aus dem fernen Armenien nahm ihre Anfänge in der Ostkirche. In Deutschland und im übrigen Abendland breitete sich sein Kult im frühen Mittelalter aus. Seit dem 14. Jahrhundert zählt er zu den vierzehn Nothelfern. An einigen Orten wurden Reliquien des Heiligen verehrt, so z. B. in St. Blasien im Schwarzwald und in Braunschweig. In vielen Kirchen wurden ihm Altäre geweiht.

Schon bald sah man in dem Heiligen einen Helfer bei Hals- und Kehlkopfleiden und knüpfte damit an die Legende von der Errettung des Knaben an. Im Mittelalter entwickelte sich der heute bekannte Segen. Das „Einblaseln" soll Gesunden und Halskranken Schutz geben. Beim Segen hält der Priester zwei geweihte brennende Kerzen gekreuzt vor Gesicht und Hals der Gläubigen und spricht dabei: „Durch die Fürbitte des heiligen Bischofs und Märtyrers Blasius befreie dich Gott von Halskrankheit und jedem anderen Übel im Namen des Vaters und des Sohnes und des Heiligen Geistes. Amen."

An vielen Orten wurde am Blasiustag geweihtes Brot („Blasiusbrot") verteilt, das Mensch und Tier vor mancherlei Krankheiten schützen sollte. In Oberösterreich besuchte man den Blasibrunnen bei Losenstein, in Braunsberg bei Lana in Südtirol gab's Blasiwein zur Heilung.

Schon frühzeitig sah man in St. Blasius einen zuverlässigen Patron. Als Schutz-herrn erwählten ihn die Ärzte, Hutmacher und Weber, die Bauarbeiter, Gipser und Gerber, die Maurer, Schneider und Schuhmacher. Wegen der Lautähnlich-keit mit „blasen" verehrten ihn die Blasmusikanten. Und weil man ihm auch Einfluß auf Wind und Wetter zutraute, wurde er sogar der Patron der Meteoro-logen.

Darstellung: Bischof mit zwei gekreuzten Kerzen

Patron der Ärzte, Hutmacher und Weber, der Bauarbeiter, Gipser und Gerber, Maurer, Schneider und Schuhmacher, der Blasmusiker

Nothelfer bei Hals- und Kehlkopfkrankheiten, bei Erstickungsgefahr

Brauchtum: Blasiussegen, Blasiusbrot, Blasiuswasser, Blasiuswein

Wetterregeln:
St. Blasius stößt dem Winter die Hörner ab.

Wenn's an Lichtmeß stürmt und schneit,
ist der Frühling nicht mehr weit.

Namensfest: 3. Februar

Christophorus

Er zählt zu den volkstümlichsten Heiligen des Morgen- und Abendlandes und erfreut sich großer Verehrung, obgleich es keinerlei Hinweise auf seine geschichtliche Existenz gibt. Nur eine griechische Inschrift auf einem Ruinenstein berichtet, daß ein Bischof Eulalius von Chalzedon im Jahre 452 zu Ehren des hl. Christophorus eine Kirche eingeweiht habe. Aus einer Quelle des 7. Jahrhunderts geht hervor, daß ein Frauenkloster nach dem Heiligen benannt worden ist.

Trotz oder vielleicht gerade wegen der dürftigen historischen Belege erfreut sich der Heilige bis heute größter Beliebtheit, gibt es doch in Europa über 3 000 Orte, an denen er verehrt wird. Das Defizit an geschichtlicher Absicherung gleichen die vielen Legenden aus, die sich um das Leben des Heiligen gebildet haben. Am bekanntesten ist jene, wie er zu seinem Namen kam:

Es lebte einst ein Mann, der groß und stark wie ein Riese war. Er hieß Reprobus und wollte nur dem mächtigsten Herrn der Welt dienen. Auf der Suche nach diesem fand er einen König, dem er seine Dienste anbot. Ihm diente er solange, wie er ihn für den mächtigsten Herrscher der Welt hielt. Doch da geschah es: Ein Bote nannte den Namen des Teufels, was den König sehr verunsicherte und er sofort ein Kreuzzeichen machte.

Aus der Reaktion des Königs erkannte Reprobus, daß es einen mächtigeren Herrscher geben müsse. Deshalb verließ er den König und begab sich abermals auf die Suche. Schon nach kurzer Zeit begegnete Reprobus dem Teufel, vor dem sich der König fürchtete. Dem Teufel wollte Reprobus nun dienen. Als er jedoch mit ihm einmal unterwegs war, kamen sie an ein Wegkreuz. Der Teufel zeigte sich plötzlich sehr beunruhigt und wollte einen Umweg machen. Auf die drängenden Fragen des Riesen gestand der Teufel, daß er vor dem Kreuz Angst habe und Jesus Christus fürchte. Nun wußte Reprobus, daß der Teufel nicht mächtigste Herr der Welt ist.

Kurzentschlossen brach Reprobus vom Teufel auf und suchte Jesus Christus. Aber wo konnte er ihn finden? Niemand konnte ihm eine Auskunft geben. Zuletzt traf er einen Einsiedler. Dieser empfahl ihm, sich zu einem reißenden Fluß zu begeben. Beim Überqueren hätten schon viele ihr Leben lassen müssen. Hier solle er sich nützlich machen. „Vielleicht ist unter denen, die du über den Fluß trägst, auch einmal Christus, der Herr der Welt."

Reprobus wollte den Rat des Einsiedlers befolgen. Er ging zum Fluß und baute sich eine Hütte. Nach vielen Jahren, in denen er treu seine Aufgabe erfüllte, hörte er eines Tages ein Kind, das ihn bat, ans jenseitige Ufer getragen zu werden. Reprobus war sofort zur Stelle. Lachend nahm er seinen Stab zur Hand und setzte den kleinen

Knaben auf seine Schultern. Nun begann er durch die Strömung zu waten. Doch als er im Wasser stand, stiegen die Wogen höher und höher. Und mit jedem Schritt wurde das Kind auf seinen Schultern schwerer und schwerer. Mitten im Fluß gestand er dem Kind: „Es kommt mir vor, als trüge ich die Last der ganzen Welt auf meinen Schultern! Ich weiß nicht, ob ich dich an das andere Ufer bringen kann." Da sagte das Kind: „Du wirst es schaffen. Du trägst nicht nur die Welt auf deinen Schultern, sondern den, der sie erschaffen hat. Ich bin Christus, den du gesucht hast."

Da wurde dem Reprobus seine Last plötzlich so leicht, daß er sie nicht mehr spürte. Als er am anderen Ufer ankam, sagte das Kind auf seinem Rücken: „Du sollst von nun an meinen Namen tragen und Christophorus, Christusträger, heißen." Da war der Riese sehr glücklich, zumal am nächsten Morgen sein dürrer Stecken Blätter und Früchte trug wie eine Palme.

Nach der Legende verkündete Christophorus in Lykien in Kleinasien das Evangelium und starb hier um das Jahr 250 unter Kaiser Decius den Märtyrertod.

Der starke Mann mit dem Kind auf dem Arm hat zu allen Zeiten die Menschen fasziniert. Seine Verehrung breitete sich von der Ostkirche in die Westkirche aus. Im Jahre 1386 entstand auf dem Arlberg ein Hospiz und eine Bruderschaft zu Ehren des hl. Christophorus, die bald über 800 Mitglieder zählte.

Schon immer waren die Menschen von seiner legendären Kraft und Größe beeindruckt. Sie setzten in ihn großes Vertrauen bei allerlei Gefahren und Notlagen. Im Mittelalter war es die Pest, die die Menschen in Europa in Angst und Schrecken versetzte. Da es kein Mittel gab, dieser Seuche zu entkommen, flehten sie den starken Heiligen um Errettung und Hilfe an. So wurde St. Christophorus zum großen Pestpatron des Mittelalters. Aus seiner legendären Lebensgeschichte leiteten viele Berufe Patronate ab, so die Bergleute, Zimmerer, Brückenbauer, Seeleute, Schiffer, Krieger, Fuhrleute, Maurer, Gärtner und Obsthändler.

Eine Hauptsorge der mittelalterlichen Menschen war, unvorbereitet zu sterben. Sie hatten Angst vor einem plötzlichen Tod und glaubten in Christophorus einen mächtigen Helfer und Fürsprecher zu haben. Man war davon überzeugt, daß bereits der tägliche Anblick eines Bildes des Heiligen einem plötzlichen Tod vorbeugen könne. Und so entstanden überall, in Kirchen, Kapellen und an Hausfassaden, Darstellungen von dem Riesen, zumal man davon glaubte, daß das Anschauen seines Bildes auch die Lebenskraft stärkt und Schutz gewährt für einen ganzen Tag. Besonders oft begegnet man dem Christophorus in Südtirol.

Die Gestalt Christophorus, der in der Schar der Heiligen eine Sonderstellung einnimmt, inspirierte viele Künstler zu großen Kunstwerken, so Bramante, Bellini, Tizian, Peter Paul Rubens, Albrecht Altdorfer, Lukas Cranach und Albrecht Dürer. Erinnert sei an die zahllosen Ikonen der Ostkirche, die dem Heiligen gewidmet wurden. Im Münchner Liebfrauendom befindet sich eine eindrucksvolle, 2,5 m große Figur des Heiligen mit den Riesenkräften. Immer trägt er, auf einem knorrigen Ast gestützt, auf seinen breiten Schultern das Jesuskind.

Schon immer war St. Christophorus ein Beschützer aller Reisenden. Im Zeitalter der allgemeinen Motorisierung wurde er zum großen Patron der Autofahrer und des Verkehrs. Nicht wenige glauben heute, mit einer Christophorus-Plakette einen Schutz gegen alle Gefahren des täglichen Verkehrs zu haben. Und nicht zuletzt zeigt sich das große Vertrauen, das man diesem Heiligen schenkt, in den Fahrzeugsegnungen, die vielerorts zu seiner Ehre stattfinden.

Reisesegen

Lieber Christophorus,
begleite mich auf meiner Fahrt,
die ich jetzt antrete.
Beschütze mich in allen Gefahren des Verkehrs.
Bewahre mich und die anderen
vor Schaden und Unfall.
Sei du bei mir auf meiner Reise
und laß mich wieder gut heimkommen.

2. Du trugst den Schöpfer dieser Welt, bist durch den Fluß geschritten.
   Für deinen Glauben, deinen Gott, hast du den Tod erlitten.
   Dein Vorbild mach im Glauben stark, bitt du bei Gottes Sohn.
   O heiliger Christophorus, sei unser Schutzpatron!

3. Dein Leben war ein Wanderschaft, ließ dich die Welt durchschreiten.
   Auf unsren Reisen durch die Welt mögst hilfreich uns begleiten.
   Steh bei uns auf der letzten Reis', führ uns zu Gottes Sohn.
   O heiliger Christophorus, sei unser Schutzpatron!

Darstellung als Riese mit dem Jesuskind auf den Schultern,
mit Stab oder Baumstamm

Patron der Schiffer und Flößer, der Krieger und Fuhrleute,
der Zimmerer und Brückenbauer, der Gärtner und Obsthändler,
der Reisenden und Pilger, der Kraftfahrer und des Verkehrs

Nothelfer aus Wassergefahr und bei Unwetter,
gegen Pest und bei Schmerzen

Brauchtum: Fahrzeugsegnung, Christophorus-Plakette

Wetterregeln:
Wenn gedeihen soll der Wein,
muß St. Christoph trocken sein.

Wenn Christoph kommt heran,
man den Roggen schneiden kann.

Namensfest: 24. Juli

Cyriakus

Cyriakus war Archidiakon des Papstes Marzellus und wurde wegen seiner Glaubenstreue vom römischen Kaiser Maximian zu Zwangsarbeiten in Lehmgruben und Thermen verurteilt. Er drohte unter der Last des Frondienstes zu zerbrechen.

Um die Lebensgeschichte des Cyriakus ranken sich viele Legenden. Geschichtlich nachweisbar ist sein Martertod in Rom kurz nach 300. Er soll mit siedendem Pech übergossen und schließlich enthauptet worden sein. In der Via Ostia wurde er bestattet.

Wegen seines qualvollen Todes erwählten ihn die Christen zu einem Patron für eine gute Sterbestunde. Bald schon wurde sein Name in den römischen Festkalender aufgenommen. Seine Verehrung breitete sich über ganz Europa aus. Im Bamberger Dom gibt es in der Schatzkammer eine Reliquie vom Arm des Heiligen, die Bischof Otto von einer Romreise in seine Residenz mitgebracht hatte. Im Rheingau wurde Cyriakus in Kirchen und Kapellen verehrt. In der Pfalz machte man ihn zum Patron der Winzer. Besonderer Beliebtheit erfreute er sich im Würzburger Raum. Hier vertraute man sich ihm an, als die Würzburger Bürgerschaft gegen die Grafen von Henneberg kämpfte. Der glückliche Sieg der Würzburger genau am Namensfest des Cyriakus am 8. August 1266 erhöhte sein Ansehen beträchtlich.

Eine Legende erzählt, daß die Tochter des Kaisers Diokletian von einem Dämon besessen war. Da rief man Cyriakus, der ihn austreiben sollte. Er konnte das Mädchen von seiner Krankheit befreien. Deshalb wurde dem Heiligen ein Dämon an der Kette als Attribut beigegeben.

Cyriakus wird als Patron der Unterdrückten und Zwangsarbeiter und als Helfer in allerlei Versuchungen angerufen. In Altbayern und Tirol wurde er als Nothelfer oftmals vom Viehpatron St. Leonhard (6. November) verdrängt.

Darstellung als Diakon mit angekettetem Dämon

Patron der Unterdrückten und Zwangsarbeiter

Nothelfer bei allerlei Versuchungen

Wetterregel: Cyriakus kühl und naß, leere Scheuer, leeres Faß.

Namensfest: 8. August

Dionysius

Aus dem Kreis der vierzehn Nothelfer auf dem Gnadenaltar von Vierzehn-heiligen hebt sich, fast etwas makaber, eine Heiligengestalt besonders ab: Es ist der kopflose Dionysius, der in beiden Händen seinen eigenes Haupt hält. Seine Kleidung, der Stab und die Mitra zeigen uns: Der Heilige war ein Bischof.

Dionysius lebte im 3.Jahrhundert und wurde vom Papst zusammen mit Ru-sticus und Eleutherius nach Gallien, ins heutige Frankreich, geschickt, um das

Evangelium zu verkünden. Der junge Missionar nahm seine Aufgabe sehr ernst und konnte viele Menschen bekehren. Sie ließen sich taufen und wurden Christen. Zielstrebig baute Dionys eine Christengemeinde auf, bildete Priester aus und baute Kirchen in Paris und Chartres.

Von den Anhängern der römischen Staatsreligion wurde die erfolgreiche Arbeit des Bischofs von Paris mit Argwohn betrachtet. Dionysius wurde zusammen mit seinen Gefährten wegen seines Einsatzes für das Christentum angeklagt und gefangengenommen. Obwohl er im Kerker viele Peinigungen ertragen mußte, blieb er der christlichen Lehre treu. Da er trotz Folterungen nicht bereit war, zum alten Götterglauben zurückzukehren, wurde er zum Tode verurteilt. Vor seiner Hinrichtung feierte er mit seinen Gefährten zum letztenmal die heilige Messe.

Außerhalb der Stadt wurde Dionysius zusammen mit seinen beiden Gefährten um das Jahr 285 enthauptet. Die Christen nannten den Hinrichtungsort fortan „mons martyrum" (Berg der Märtyrer), den heutigen Montmartre.

Nach der Legende erhob sich Dionys aber des Nachts, nahm seinen Kopf in seine Hände und begab sich zu einer Stelle, wo er begraben sein wollte. Hier entstand um das Jahr 625 eine Kirche zu Ehren des großen Bischofs von Paris, die Kirche Saint Denis. Sie wurde zum größten Heiligtum Galliens.

Saint Denis, in einem Indrustrieviertel gelegen, ist eine der bedeutendsten Kirchen in der Stadt an der Seine und ein Meisterwerk der frühen Gotik. In ihrer Gruft sind die Grabstätten vieler französischer Könige. So haben Chlodwig I., Karl Martell und Isabelle d'Aragon hier ihre letzte Ruhestätte gefunden.

Die Kirche Saint Denis wird alljährlich von Tausenden von Kunstfreunden aus aller Welt aufgesucht. Der Grundstein zur jetzigen Basilika wurde 1130 gelegt. Erstmals in der Geschichte des Kirchenbaus wurde in die Fassade eine Fensterrose eingesetzt, die in der Hochgotik zu einem wesentlichen Schmuckelement wurde. Das Tympanon des rechten Portals zeigt in Stein gehauen die letzte Kommunion des hl. Dionysius, das Tympanon des linken Portals seine Hinrichtung.

St. Dionysius – oder St. Denis, wie er in Frankreich heißt – ist der Stadtpatron von Paris. Er wird angerufen als Nothelfer bei Kopfweh und Kopfkrankheiten.

Wallfahrerlied aus Vierzehnheiligen

Vierzehn Heil'gen auserlesen!
Gott, das unerschaffne Wesen,
der allein uns helfen kann,
beten wir durch euch jetzt an.
Laß uns eure Hülf erfahren,
rettet uns aus den Gefahren,
helfet uns aus aller Noth,
in dem Leben, in dem Tod.

Darstellung als Bischof von Paris, mit seinem Kopf in den Händen

Nothelfer bei Kopfweh und Kopfkrankheiten, in Gewissensnöten

Wetterregeln:
Regnet's an St. Dionys,
wird der Winter naß gewiß.

Oktoberhimmel voller Sterne
hat warme Öfen gerne.

Namensfest: 9. Oktober

Erasmus

Das Schicksal des Erasmus hat immer wieder die Phantasie der Menschen angeregt, obwohl wir fast nichts über ihn – auch nichts über seine Heimat wissen. Es kann Antiochien (in Syrien), Armenien oder Illyrien (an der adriatischen Küste) gewesen sein. Überliefert ist lediglich, daß er in Antiochien Bischof war, zu einer Zeit, als Kaiser Diokletian die Christen grausam verfolgte.

Nach der Legende soll er sich sieben Jahre in die Einsamkeit der Berge im

Libanon zurückgezogen haben. Als er nach Antiochien zurückkehrte, wurde er wegen seines Festhaltens am christlichen Glauben in den Kerker geworfen. Auf wunderbare Weise soll Erasmus alle Folterqualen unverletzt überstanden haben. Nun wurde er abermals im Gefängnis gepeinigt, bis ihn ein Engel befreite. Er begab sich auf eine weite Seereise und landete endlich in Süditalien. Als sein Schiff auf der Überfahrt in einen heftigen Sturm geriet und unter der Besatzung größte Angst ausbrach, beruhigte Erasmus die gefährlichen Winde.

Im Formia, zwischen Neapel und Rom gelegen, angekommen, predigte er unerschrocken, zuletzt als Bischof der Hafenstadt, die Frohbotschaft Christi. Schließlich wurde er wieder verhaftet und gefoltert. Aber auch jetzt ließ er sich nicht von seinem Weg abbringen. Um das Jahr 300 starb er den Martertod wie viele Christen in der damaligen Zeit. Nach der Legende soll man ihm bei lebendigem Leib die Gedärme aus dem Leib gezogen haben.

Über die näheren Umstände seines Todes wissen wir nichts. Es ist fraglich, ob die Winde, mit der er immer dargestellt wird, dazu diente, um seine Todesqualen zu erhöhen. Wahrscheinlicher ist, daß es sich dabei um eine Schiffswinde handelt. Das aufgewickelte Seil ist ein deutlicher Hinweis auf den Anker, der im Hafen ausgeworfen wird.

Der Bezug zur Seefahrt erklärt das Patronat, das ihm die Schiffsleute und Schiffsreisenden, aber auch die Seiler zugedacht haben. Als Schutzpatron wird Ersamus daneben von den Drechslern und Schuhmachern verehrt.

In Italien, Spanien und Portugal wird der Heilige unter dem Namen San Elmo verehrt. Sein Leichnam wurde im 9. Jahrhundert nach Gaeta im Golf von Neapel überführt. Hier hat er im Dom San Eramo seine letzte Ruhestätte gefunden.

Berühmte Künstler haben Erasmus mit der Winde dargestellt, so Lukas Cranach und Matthias Grünewald. An den Heiligen erinnert das Elmsfeuer. Das ist eine elektrische Entladung an Schiffsmasten, die als günstiges oder auch ungünstiges Vorzeichen gedeutet wurde. Das Elmsfeuer hat immer wieder die Phantasie der Menschen beschäftigt.

Darstellung als Bischof mit Stab und Schiffswinde und Ankertauen

Patron der Seeleute und Schiffsreiser den, der Seiler,
Drechsler und Schuhmacher

Nothelfer bei Bauch- und Unterleibsschmerzen sowie Geburtswehen

Wetterregeln:
An Erasmus viel Donner,
verkündet trüben Sommer.

Ist der Juni warm und naß,
gibt's viel Fruch und grünes Gras.

Soll gedeihen Korn und Wein,
muß im Juni warm es sein.

Namensfest: 2. Juni

Eustachius

Mit Eustachius begegnen wir einem Martyrer aus der Frühzeit der Kirche. Er wurde zuerst in der Ostkirche verehrt. Seit dem 8. Jahrhundert ist er auch im Abendland bekannt.

Eustachius lebte um das Jahr 100, war Soldat und wurde Offizier im römischen Heer. Als Oberst wurde er nach Kleinasien versetzt und trat hier zusammen mit seiner Frau und seinen beiden Söhnen zum Christentum über. Für diese Entscheidung mußte er viele Benachteiligungen in Kauf nehmen. Er verlor durch ein Feuer Hab und Gut und wurde aus dem Heeresdienst entlassen. Zuletzt mußte er zusammen mit seiner Familie die Heimat verlassen und nach Ägypten fliehen.

Im Krieg gegen die Perser erinnerte man sich aber wieder an den einst so siegreichen Heeresmeister und holte ihn nach Rom zurück. Hier wurde ihm mit großen Ehren abermals die Heeresführung im Kampf übertragen. Eustachius gelang es, die Perser zu besiegen und damit eine große Gefahr abzuwenden. Als bei der Siegesfeier den Göttern geopfert wurde, kam es zum Eklat: Eustachius verweigerte die Opfergaben. Darüber war Kaiser Trajan maßlos verärgert und ließ seinen siegreichen Heerführer verhaften und zusammen mit seiner Familie grausam foltern. Alle starben schließlich den Martyrertod: Sie wurden verbrannt.

Bekannt ist eine Legende um den tapferen Glaubenszeugen:

Eustachius, der zuerst Plazidus hieß, war zusammen mit Jägern auf der Pirsch nach einem mächtigen Hirsch. Das gehetzte Tier entkam ihm aber immer wieder. Zuletzt hielt es in einer Lichtung an und wandte sich dem Jäger zu. Plazidus wollte schon den tödlichen Pfeil abschießen, als im Hirschgeweih ein Kreuz erschien, das hell in der Sonne funkelte. Da hörte er eine Stimme: „Plazidus, warum verfolgst du mich? Ich bin Christus!" Daraufhin ließ er sich zusammen mit seiner Familie taufen, wurde Christ und hieß fortan Eustachius.

Diese Geschichte hat große Ähnlichkeit mit der Legende um den hl. Hubertus, der um das Jahr 700 in den Ardennen lebte. Sie trug wohl dazu bei, daß Eustachius lange Zeit mit St. Hubertus verwechselt und als Patron der Jäger verehrt wurde.

In Rom und Paris gibt es Reliquien des Heiligen, die seit dem Mittelalter verehrt werden. Die Jagdlegende hat auch die Künstler zu Darstellungen angeregt. Eindrucksvoll sind ein Glasfester in der Kathedrale von Chartre und im Erfurter Dom sowie der Paumgartneraltar von Albrecht Dürer. Besonders ausdrucksvoll ist die fast lebensgroße Figur des Heiligen auf dem Nothelferaltar von Vierzehnheiligen.

In jüngster Zeit wird der Heilige mit dem Hirsch als Nothelfer gegen die Zerstörung der Natur verehrt.

Darstellung als Jäger mit einem Hirsch, in dessen Geweih ein Kreuz ist

Patron der Jäger und Förster sowie der Schützen

Nothelfer in den Anliegen des Natur- und Tierschutzes, bei Glaubenszweifeln und schweren Schicksalsschlägen

Wetterregeln:
Wenn Eustachius weint statt lacht,
Essig aus dem Wein er macht.

An Septemberregen für Saat und Reben
ist dem Bauern gelegen.

Namensfest: 20. September

Georg

St. Georg gehört zu den herausragenden Gestalten im Kreis der vierzehn Nothelfer, und das, obwohl uns über seine Lebensgeschichte keine gesicherte Angaben vorliegen. Die fehlenden geschichtlichen Belege ersetzen, gleichsam stellvertretend, die zahlreichen Legenden, die sich um das Leben dieses Heiligen gebildet haben.

Ziemlich sicher ist die geschichtliche Existenz von Georg. Seine Heimat soll

Kappadozien am Schwarzen Meer gewesen sein. Weitere Angaben über sein Leben und Wirken liegen uns nicht vor. Das mußte bereits das Konzil von Nicäa (325) bestätigen.

Das plastische Bild, das sich seit Jahrhunderten die Menschen von diesem Heiligen machen, geht auf die bekannte mittelalterliche Legende von Jakobus de Voragine zurück:

Georgius kam als Ritter in das Land Libya zur Stadt Sila. In der Nähe der Stadt war ein großer See, in dem sich ein giftiger Drachen festgesetzt hatte. Er verpestete alles mit seinem Gifthauch. Damit er nicht vor die Stadtmauern kam, opferten ihm die Bürger täglich zwei Schafe. Als keine Schafe mehr zur Verfügung standen, brachte man ihm jeden Tag Menschenopfer dar, einen Mann und eine Frau. Zuletzt sollte die Tochter des Königs geopfert werden. Der König war verzweifelt, konnte aber sein Kind nicht schonen. Als die Königstochter schon am Drachensee war, kam St. Georgius dahergeritten und wollte ihr helfen. Während sie noch redeten, streckte der Drache schnaubend sein Haupt aus dem See. Der edle Ritter erkannte die Gefahr, stieß sogleich seine Lanze dem Drachen ins Maul und tötete ihn. So war die Stadt Sila von der Bedrohung durch den Drachen gerettet worden.

Legendär ist auch das Lebensende des Drachentöters. Wegen seines Bekenntnisses zum christlichen Glauben verlor er seine herausragende Stellung im Heer von Kaiser Diokletian und wurde nach grausamen Folterungen um das Jahr 300 hingerichtet. Sein Grab wird in Lod in Israel, einer einstmals kleinen römischen Stadt, vermutet.

Bald nach Georgs Martertod kam Kaiser Konstantin an die Macht. Die Christen wurden nicht mehr verfolgt und konnten nun auch den Drachentöter verehren. Durch christliche Soldaten verbreitete sich die Kunde von dem tapferen Ritter im ganzen römischen Reich, vor allem in der Ostkirche. Über seinem Grab erheben sich heute eine griechisch-orthodoxe Kirche und eine Moschee, wo Christen und Moslems den Heiligen verehren.

Vom Osten drang die Verehrung des Drachentöters auch in das Abendland vor, wo Georgskirchen seit dem 6. Jahrhundert nachweisbar sind. Die Herrscher des Landes waren dabei Vorreiter. So weihte Kaiser Heinrich II. dem Heiligen in seinem Bamberger Dom den Ostchor. Herzog Wilhelm V. von Bayern ließ für seine Münchner Residenz von Goldschmieden eine Georgs-Statue anfertigen, die mit 2 291 Diamanten, 406 Rubinen und 209 Perlen verziert wurde. Sie befindet sich in der Schatzkammer der einstigen Residenz in der bayerischen Landeshauptstadt.

Eine außergewöhnliche Verehrung wurde St. Georg seit dem Mittelalter in England zuteil. Den Anstoß dazu gab König Richard I. Löwenherz, der von 1190–1192 am dritten Kreuzzug teilnahm. Hier lernte er die Georgsverehrung kennen und brachte sie in seine Heimat mit, wo der Reitersmann, der Kämpfer gegen das Böse, bald zum Patron des Landes erwählt wurde.

Das Motiv des Drachentöters, das seit dem 11. Jahrhundert in Wunderberichten auftaucht, hat immer wieder die Künstler inspiriert. Sie stellten ihn als Krieger und Ritter, auf einem Pferd sitzend, mit Lanze oder Schwert und Schild, den Drachen zu seinen Füßen, dar. Erinnert sei an die Meisterwerke von Albrecht Dürer und Peter Paul Rubens, von Lukas Cranach und Hans Holbein. Eindrucksvoll sind die Georgsfigur von Hans Leinberger im Münchner Liebfrauendom und die Bronzestatue auf dem Prager Hradschin. St. Georg im Kampf mit dem Drachen zeigt die berühmte Darstellung des großen bayerischen Barockmeisters Egid Quirin Asam, die er für den Hochaltar der Klosterkirche in Weltenburg geschaffen hat. In St. Georg sahen die Menschen immer den Sieger über das Böse, und das machte ihn so sympatisch.

Es lag nahe, daß besonders die Soldaten von dem römischen Legionär angetan waren und ihn zu ihrem Schutzpatron erkürten. Begeistern ließen sich von St. Georg auch viele von jenen, die mit Pferden zu tun haben. Das sind die Reiter und Ritter, die Bauern und Sattler, die Kreuzfahrer und deutschen Ordensritter.

Ein besonderes Zentrum der St. Georgs-Verehrung bildete sich in Bayern und Österreich. Darauf weisen auch die vielen Ortsnamen St. Georgen sowie die zahllosen Georgikirchen hin. Aus der Zuneigung zu diesem Heiligen entstanden in diesen Regionen Kultritte, die in der Zeit um seinen Namenstag am 23. April abgehalten werden. Die Umritte, die in einer vielhundertjährigen Tradition stehen, werden von Bauern durchgeführt, die aus naheliegenden Gründen eine besondere Beziehung zu dem Reiterheiligen haben. Eine Rolle spielte dabei wohl auch die Fehldeutung seines Namens (griechisch Georgos = Bauer). Zudem waren die Bauern immer auf der Suche nach zuverlässigen Helfern gegen Krankheiten im Pferde- und Viehstall.

Pferdeumritte zu Ehren des Heiligen auf dem Pferd kann man in Bayern alljährlich an vielen Orten erleben, z. B. in Ruhpolding und Tittmoning in Oberbayern, in Aidenbach in Niederbayern, auf dem Auerberg in Schwaben und in Effeltrich in Oberfranken. Wohl am bekanntesten ist der Georgiritt von Traunstein. Hier ziehen am Morgen des Ostermontags die Reiter mit ihren festlich herausgeputzten Pferden unter Glockengeläut, Fanfarenklängen und Trommelwirbel vom Marktplatz zu einer Georgskapelle außerhalb der historischen Stadt. Dort umreiten die Bauern und Pferdeliebhaber die auf einer Anhöhe gelegene Kirche. Der Höhepunkt ist dabei der kirchliche Segen für Tiere und Reiter.

In jedem Georgiritt kommt das innige Vertrauen, das man diesem Heiligen seit Jahrhunderten entgegenbringt, in feierlicher Weise zum Ausdruck. In Gebeten und Liedern flehen die Gläubigen um die Fürbitte von St. Georg. In welcher Tradition diese Zuwendung zu ihm steht, dokumentieren auch die vielen Votivtafeln in den Georgikirchen. Das sind einfache Bildtafeln, auf denen die Anliegen um die Gesundheit der Pferde sowie der Dank für erlangte Hilfe in sehr einfacher Manier aufgemalt sind. Der meist nie fehlende Zusatz „Ex Voto" bekundet ein besonderes Verlöbnis.

Die Beliebtheit des Reiterheiligen zeigen die vielen Patronate, die ihm zugedacht wurden. Nicht zu vergessen sind dabei die Pfadfinder dar, die ihren Namen tragen. Zu seiner Ehre entstanden weltliche und geistliche Georgsbruderschaften. Die geistlichen Bruderschaften steckten sich karitative Ziele. Georg ist ein großer Volksheiliger, dessen Verehrung in einer bis heute lebendigen Frömmigkeit vielfältigen Ausdruck findet.

Das Namensfest des hl. Georg fällt in die Zeit des Frühlingsbeginns. Deshalb werden an seinem Namensfest an manchen Orten Flurprozessionen abgehalten. Dabei wird um Fruchtbarkeit der Felder gebetet. Wenn es die Witterung erlaubt, treiben die Bauern ab Georgi das Vieh auf die Weide.

Darstellung als Ritter, meist auf einem Pferd sitzend,
mit Schwert und Schild, zu Füßen den besiegten Drachen

Patron der Reiter, Ritter und Bauern, der Sattler und Schmiede,
der Soldaten, Schützen und Wanderer, der Pferde und des Viehs

Nothelfer gegen Kopfweh

Brauchtum: Georgi-Ritt, Flurprozession

Wetterregeln:
Sankt Georgs Pferd
tritt den Hafer in die Erd.

Auf Sankt Georgs Güte
stehen alle Bäum in Blüte.

Namensfest: 23. April

Es— rei - tet ein Rit - ter durch— al - le— Land,— prei - set den Herrn! Bis er den— christ - li - chen Glau - ben fand.— Al - le–, Al - le - lu - ja!

2. Er reitet wohl ein in die Regensburgstadt,
   wo man's mit dem grausamen Drachen z'thuen hat.

3. Es gingen viel Bürger und Bauern zu Rat,
   was man jetzt mit dem Drachen z'thuen hat.

4. „Wir haben viel Kinder und Schafe hergeben,
   der König muß selber sein Tochter geben."

5. Da kam ein edler Ritter daher:
   „Ach Kind, was machst du allein da beim See?"

6. „Mein Vater hat mich dem Drachen übergeben,
   der wird mich jetzt bringen um mein junges Leben."

7. „Wenn du willst glauben an einen Gott,
   so will ich dich retten wohl vor dem Tod."

8. Als der grausame Drache den Rachen aufriß,
   gab ihm Sankt Georg mit der Lanze ein Stich.

9. Sie gingen wohl vor des Vaters Haus.
   Der König schaut oben beim Fenster heraus:

10. „Mein Kind, wer hat denn dies getan?"
    „Das war Sankt Georg , der heilige Mann."

Pantaleon

I m Kreis der Nothelfer ist Pantaleon wohl einer der am wenigsten populären Heiligen. Pantaleon ist ein Heiliger, der uns recht fremd und unbekannt ist.

Obwohl keine sichere Nachrichten über diesen Heiligen vorliegen, nimmt man an, daß er als Sohn eines Heiden und einer Christin in Nikomedien (heute Izmit in der Türkei) in der zweiten Hälfte des 3. Jahrhunderts geboren wurde. Schon als junger Mann soll er eine große Begabung für die Heilkunst gezeigt haben. Er studierte Medizin und wurde Arzt. Seine außergewöhnlichen medizinischen Fähigkeiten blieben auch dem römischen Kaiser Maximian nicht verborgen, der ihn zu seinem Leibarzt berief. Diese Bevorzugung erregte den Neid seiner Kollegen, die ihn wegen seines Übertritts zum christlichen Glauben deshalb beim Kaiser denunzierten. Pantaleon wurde in den Kerker geworfen und grausam gemartert: An einen Baum gebunden, wurden ihm die eigenen Hände auf den Kopf genagelt. Und so zeigen ihn auch die wenigen Darstellungen, die es von diesem Glaubenszeugen der frühchristlichen Zeit gibt. Zuletzt wurde er enthauptet (um das Jahr 300).

Der Pantaleon-Kult verbreitete sich über den Orient und Nordafrika schon sehr früh auch nach Europa. So gab es bereits im 5. Jahrhundert in Rom vier Pantaleonkirchen. Kaiser Justinian ließ ihm im 6. Jahrhundert in Konstantinopel eine Kirche erbauen. Von hier brachte der Kölner Erzbischof Gero im Jahre 871 Reliquien an die Stadt am Rhein. Ein Benediktinerkloster erhielt hier sogar den Schädel des Heiligen aus dem fernen Kleinasien.

Am Berg Athos entstand im 11. Jahrhundert das Kloster Panteleimon (Allerbarmer) mit russisch-orthodoxen Mönchen. Zwischen dem Salzburger Land und Oberösterreich gibt es eine kleine Pfarrei St. Pantaleon. In einigen italienischen Städten werden Ampullen mit dem Blut des Märtyrers verehrt.

Darstellung als Jüngling mit auf den Kopf genagelten Händen

Patron der Ärzte, Hebammen und Kranken

Nothelfer bei Kopfschmerzen

Wetterregel: Pantaleon warm und trocken, laßt den Bauern frohlocken.

Namensfest: 27. Juli

Katharina

I n der Runde der vierzehn Nothelfer nimmt St. Katharina eine herausragende Stellung ein, nicht nur, weil sie neben Barbara und Margareta das weibliche Element vertritt. Sie zählt seit Jahrhunderten zu den polulärsten Heiligen, die die Christen im Jahreskreis verehren, was auch aus der Vielzahl ihrer Patronate hervorgeht. Dies ist umso verwunderlicher, als es keine gesicherte historische Quelle gibt, die ihre Persönlichkeit greifbar macht.

Katharina soll die Tochter einer angesehenen, reichen Familie in Alexandrien in Ägypten gewesen sein. Wegen ihrer Schönheit muß sie eine große Schar an Verehrern gehabt haben. Nach der Legende entschloß sie sich nach einem Traum, sich taufen zu lassen und nicht zu heiraten Und so verweigerte sie sich sogar dem Sohn des Kaisers, der um ihre Hand anhielt.

Als Kaiser Maxentius nach Alexandrien kam, bekannte sich das achtzehnjährige hochgebildete Mädchen offen als Christin. Ja, sie wagte es sogar, das Christentum allein gegen fünfzig Gelehrte zu verteidigen. Dabei erwies sie sich als überaus klug und schlagfertig, was die weisen Männer so sehr beeindruckte, daß sie den christlichen Glauben annahmen. Als davon der Kaiser erfuhr, verurteilte er sie allesamt zum Tod auf dem Scheiterhaufen.

Nun wurde Katharina ins Gefängnis geworfen und mit Ruten geschlagen. Es kamen aber Engel, die ihre Wunden verbanden. Zuletzt band man sie auf ein mit Messern besetztes Rad, das jedoch auf ihr Gebet hin zerbrach. Daraufhin ließ sie der Kaiser enthaupten. Nach der Legende haben Engel ihren Leichnam zum Berg Sinai getragen, an dessen Fuß im 6. Jahrhundert Kaiser Justinian das berühmte Katharinenkloster erbauen ließ, das zu einem bedeutenden Pilgerzentrum wurde.

In Rom entdeckte man im Jahre 1948 in einer Katakombe ein Fresko aus dem 8. Jahrhundert, auf dem unter einem Bild „sancta Catharina". steht. Es ist der erste Nachweis der Katharinenverehrung im Abendland. Ihre rasche Ausbreitung geht wohl auf eine Anmerkung in ihrer Leidensgeschichte zurück, daß sie für alle bei Gott Fürsprache einlegen werde, die ihren Namen anrufen.

Zentren des Katharinenkultes waren im 11. Jahrhundert die Benediktinerklöster in Monte Cassino und St. Gallen. Bereits im 10. Jahrhundert brachten Kreuzfahrer einige Reliquien nach Frankreich. Nun erwählten Ritter und Adelige die Martyrerin aus dem fernen Ägypten zu ihrer Patronin. Die Kreuzfahrer pilgerten nicht nur nach Jerusalem, sondern suchten auch das Katharinengrab auf.

Im 13. und 14. Jahrhundert fanden viele Berufsgruppen und Zünfte in Katharina ihre Patronin. Wegen des Rades, mit dem sie gemartert werden sollte, wurde sie von den Fuhrleuten, Spinnerinnen, Scherenschleifern, Schiffern und Wagnern verehrt.

Ihrer Klugheit wegen sahen die Wissenschaftler in ihr ein Vorbild. So wurde Katharina die Schutzpatronin vieler Schulen und Hochschulen. Auf dem Siegel der Universität von Paris ist noch heute ihr Bild.

Bei zahlreichen Krankheiten, z.B. bei Zungenleiden, wurde Katharina als Nothelferin angerufen. Stotterer und selbst Stumme erhofften sich von ihr Heilung. Schwangere riefen sie bei der Niederkunft an.

Mit Barbara und Margareta gehört Katharina zu den „drei heiligen Madln" und damit zu einem Kreis besonders populärer Heiliger. Ihr Namensfest in den letzten Novembertagen war im Bauernjahr ein vielbeachtetes Datum. An diesem Tag ging die Weidezeit zu Ende. Die Jugend schwang nochmal vor dem Advent das Tanzbein. Der Volksmund sagte: „St. Kathrein stellt den Tanz ein."

Darstellung mit Krone, Buch, Schwert und zerbrochenem Rad

Schutzpatronin der Gelehrten, Juristen, Notare, Lehrer, Redner, Schüler, Studenten, Ehefrauen, der Bibliotheken, der Buchdrucker, Wagner, Friseure, Fuhrleute, Spinnerinnen, Chirurgen

Nothelferin bei vielen Krankheiten

Brauchtum: Kathreintanz

Wetterregel:
Wie St. Kathrein wird's Neujahr sein.

Namensfest: 25. November

Es war'n ein-mal drei Kai - ser, die hiel-ten ei - nen Rath, sie hiel-ten die Ka-tha-ri - na für die al - ler - schön - ste Magd.

2. Da sagte der Kaiser: Ich nehm' sie zur Eh',
   Ich will ihr laß verschreiben mein ganzes Reich zur Eh'.

3. Da sprach die Katharina: Daß thun ich aber nicht!
   Mein himmlischer Vater, der ist mir viel zu lieb.

4. Da bekam derselbige Kaiser ein Groll und einen Zorn,
   Und warf die Katharina in allerfinstersten Thurm.

5. Darin lag Katharina wol sieben ganze Jahr,
   Es thät ihr niemand Essen und Thrinken reichen dar.

6. Und als derselbige Kaiser den Thurm wieder aufschloß:
   Da saß die Katharina so schön als eine Ros'.

Margareta

Obwohl wir über das Leben von Margareta keine historischen Belege haben, zählt sie zu den beliebtesten Heiligen im Jahreslauf und im Kreis der vierzehn Nothelfer. Nach der Legende soll sie zur Zeit Diokletians als Tochter eines heidnischen Priesters in Antiochien in der heutigen Türkei geboren worden sein. Der römische Stadtpräfekt Olibrius wollte die bildschöne Margareta heiraten, sie aber lehnte ab und ließ sich taufen. Als es ihm nicht gelang, sie vom christlichen

Glauben abzubringen, ließ er sie in den Kerker werfen und aufs grausamste foltern. Hier soll sie ein Drache, das Symbol des Bösen, bedrängt haben. Margareta aber blieb standhaft und konnte den Teufel mit dem Zeichen des Kreuzes besiegen. Als sie alle Peinigungen auf wunderbare Weise überstanden hatte, wurde sie dem Richter vorgeführt und im Jahre 305 zum Tode durch Enthaupten verurteilt.

Der Kult der tapferen Martyrerin aus der Frühzeit des Christentums verbreitete sich vom Orient in das Abendland vor allem durch die Kreuzzüge im 12. Jahrhundert. In Deutschland, aber auch in England, Italien, Frankreich und Spanien benannte man viele Ort nach ihr und dachte ihr viele Patronate zu. So verehrten sie besonders die Bauern, aber auch die Frauen, die sie in Geburtsnöten und bei Unfruchtbarkeit anriefen. Reliquien der Heiligen befinden sich in Montefiascone nördlich von Rom.

Nach altem Volksglauben ist der Margaretentag bedeutsam für die weitere Witterung und die Ernte. Er ist, ähnlich wie der Siebenschläfertag (27. Juni), ein wichtiger Lostag.

Darstellung mit einem Drachen („Wurm"), den sie besiegt;
mit Kreuzstab und Kreuz sowie Palme und Königskrone

Patronin der Bauern, Hirten, Frauen und Ehefrauen

Helferin für Fruchtbarkeit auf den Feldern, bei Geburtsnöten

Wetterregel:
Regen am Margaretentag
bringt viel Klag.

Namensfest: 20. Juli

ST. VITUS

Vitus

Im Kreis der vierzehn Nothelfer ist Vitus wohl der jüngste Martyrer. Er war der Sohn heidnischer Eltern in Sizilien und lernte als 7jähriger durch seine Amme Crescentia und seinen Lehrer Modestus den christlichen Glauben kennen. Deshalb prügelte ihn sein Vater halbtot und ließ ihn dem römischen Präfekten vorführen, der ihn trotz harter Strafen nicht umstimmen konnte. Den Knechten, die den Jungen schlugen, wurden die Arme gelähmt, der Vater von Vitus wurde durch ein grelles Licht geblendet. Schließlich floh der Junge zusammen mit Crescentia und Modestus nach Lucania, wo die drei durch einen Adler Nahrung erhielten.

Nach der Legende holte Kaiser Diokletian Vitus nach Rom, um seinen Sohn von der Besessenheit befreien zu lassen. Trotz des Heilungserfolges ließ er aber den Jüngling wegen seiner Zugehörigkeit zur Christengemeinde einkerkern und grausam foltern. Zusammen mit seinen Gefährten wurde Vitus in einen Kessel mit siedend heißem Öl geworfen, blieb aber unverletzt. Darauf weist sein Attribut, ein kleiner Kessel, hin, mit dem er immer abgebildet wird. Durch einen Engel soll der zermarterte Glaubenszeuge mit seinen Freunden nach Lucania zurückgeführt worden sein, wo er in Frieden starb.

Reliquien des hl. Vitus gelangten in die Benediktinerabtei Saint-Denis in Paris und in das Kloster Corvey bei Höxter. Anfang des 11. Jahrhunderts sandte Kaiser Heinrich II. eine Armreliquie nach Prag für den neu erbauten Veitsdom. Im Jahre 1335 brachte Kaiser Karl IV. das Haupt des Martyrers in die Stadt an der Moldau. An mehr als 1300 Orten in Europa erwählte man Vitus zum Patron von Kirchen, Kapellen und Altären. Bedeutende Vituskirchen finden wir in Nürnberg, Braunschweig und Hildesheim Auch viele Landkirchen tragen den Namen des Heiligen, z.B. jene in dem Gebirgsort Nußdorf am Inn in Oberbayern und in Neumarkt in der Oberpfalz. Große Ehre wird Vitus seit Jahrhunderten zuteil als Landespatron von Sachsen, Böhmen und Sizilien.

Zu allen Zeiten sah man im hl. Vitus einen Helfer bei Krankheiten von Mensch und Tier, besonders bei Besessenheit und epileptischen Anfällen. Dazu gehörte auch der Veitstanz, eine Krankheit, die sich in nervösen Zuckungen äußerte. Diesen Nervenkrankheiten sah man sich in früherer Zeit hilflos ausgeliefert.

Helfen sollte der Heilige auch bei Schlangenbiß und Tollwut sowie bei Unfruchtbarkeit. Recht amüsant erscheint das Patronat gegen das Bettnässen. Es geht auf Darstellungen zurück, die Vitus mit einem Kessel zeigen, der als Nachttopf gedeutet wurde. Im Volksmund hieß es: „Heiliger Sankt Vit, weck mich zur Zit, nit zu früh und nit zu spot, daß es nit ins Bett nein got."

Nach dem Julianischen Kalender war der Veitstag der längste Tag im Jahr und damit Sommersonnenwende. So kam es zur Redeweise: „Nach St. Veit wendet sich die Zeit. Alles geht auf die andere Seit."

Darstellungen zeigen Vitus mit Palme und Schwert als Zeichen seines Martyriums. Oftmals tritt als Attribut ein Kessel hinzu, den er auch in der Hand hält.

Darstellung als Jüngling mit Ölkessel,
oft auch mit Hahn, Adler und Buch

Patron der Lahmen und Blinden, von Sizilien,
Prag, Böhmen und Sachsen,
der Winzer, Bierbrauer, Apotheker und Haustiere

Helfer bei Nervenkrankheiten, Epilepsie,
Veitstanz, Schlangenbiß, Aufregungen, Augenkrankheiten,
bei Tollwut und Unfruchtbarkeit, bei Blitz, Feuer
und Unwetter und für eine gute Ernte

Wetterregeln:
An Vitus viel Donner
bringt fruchtbaren Sommer.

Im Juni bleibt man gerne stehen,
um nach Regen auszusehen.

Namensfest: 15. Juni

Regional verehrte Nothelfer

Leonhard

Leonhard lebte um 500 in Frankreich und war der Abt eines Klosters. Im Mittelalter wurde Leonhard als Patron der Gefangenen verehrt. Deshalb ist die Kette sein Attribut. In späterer Zeit deutete man die Kette als Viehkette und machte Leonhard zum Patron des Viehs, besonders der Pferde. So entstanden zu seiner Ehre in Bayern und Österreich zahlreiche Kirchen und Kapellen. An vielen Orten finden alljährlich Leonhardiritte statt, in Oberbayern z. B. in Bad Tölz und Kreuth.

Darstellung als Mönch mit Kette und Abtstab
Patron der Gefangenen und Bauern, des Viehs, besonders der Pferde
Namensfest: 6. November

Magnus

Magnus war ein Mönch des Klosters St. Gallen und missionierte um 750 im östlichen Allgäu. In Füssen gründete er ein Kloster. Man verehrte ihn als Schlangen- und Drachentöter. Sein Kult breitete sich vom Allgäu nach Schwaben, Bayern, Tirol, die Schweiz und das Elsaß aus. Zu Ehren des „Apostels des Allgäus" entstanden viele Kirchen und Klöster. Man rief St. Mang als Helfer auch gegen Ungeziefer und Mäuse an. Im Mittelpunkt der Verehrung stand der Abtstab des Heiligen.

Darstellung als Abt mit einem Kreuz, das er einem Drachen
und bösen Geistern entgegenhält
Patron des Viehs
Namensfest: 6. September

Nikolaus

Der hl. Nikolaus ist eine historisch nachgewiesene Gestalt. Er war zu Anfang des 4. Jahrhunderts Bischof der Hafenstadt Myra. Die vielen Details über sein Leben sind legendär. Aus den zahlreichen Legenden entstanden die zahllosen Patronate, die dem Heiligen zugedacht wurden.

Der Brauch, daß St. Nikolaus die Kinder an seinem Namensfest besucht, geht auf Nikolausspiele im Mittelalter zurück. Bis heute erfreut sich der Brauch um den vorweihnachtlichen Gabenbringer größter Beliebtheit.

Darstellung als Bischof mit Mitra, Stab und Buch. Auf dem Buch
drei goldene Kugeln oder Äpfel
Patron der Armen, Kinder, Schüler, Apotheker, Bäcker, Seeleute,
Kaufleute, Müller, Pilger und Reisenden
Namensfest: 6. Dezember

Sebastian

Sebastian war ein römischer Offizier und wurde wegen seines Übertritts zum Christentum eingekerkert und gefoltert. Er wurde nackt an einen Pfahl gebunden, mit Pfeilen durchbohrt und starb um das Jahr 300 den Martertod in

Rom, wo auch sein Grab ist. Der Heilige wurde im Mittelalter als großer Pest-patron verehrt. Viele Kirchen, Kapellen und Altäre tragen seinen Namen. Der Sebastianstag ist ein wichtiger Wetterlostag im Jahreslauf.

Darstellung als junger Mann, nackt an einen Pfahl gebunden,
von Pfeilen durchbohrt
Patron der Schützen, Soldaten, Polizisten,
der kranken Kinder und der Sterbenden
Namensfest: 20. Januar

Wolfgang

Wolfgang wurde von Bischof Ulrich von Augsburg zum Priester geweiht und wirkte in Passau und als Bischof in Regensburg. Wegen des Streites von Kaiser Otto II. mit Herzog Heinrich dem Zänker mußte er an den Mondsee in Oberösterreich fliehen. Bischof Wolfgang starb im Jahre 994 und fand in der Kirche St. Emmeram in Regensburg seine letzte Ruhestätte. Zum Mittelpunkt seiner Verehrung wurde der Ort St. Wolfgang im Salzkammergut, wo er nach der Legende als Einsiedler gelebt hat.

Darstellung als Bischof mit einem Kirchenmodell oder mit einem Beil
Patron der Stadt Regensburg,
der Bildschnitzer, Hirten, Holzfäller, Schiffer und Zimmerer
Namensfest: 31. Oktober

Literatur

Ammon, Hermann und *Guth, Klaus* (Hrsg.): Volkstümliche Heilige in Franken. Forchheim 1994.

Bichler, Albert: Wallfahrten in Bayern. Ein Führer zu 60 Gnadenstätten. München 1990.

Ders.: Das Kinderbuch der Heiligen und Namenspatrone. 2. Aufl. Würzburg 1996.

Ditfurth, Franz Wilhem v.: Sammlung fränkischer Volkslieder. Leipzig 1855.

Gorys, Erhard: Lexikon der Heiligen. München 1997.

Grün, Anselm: Wunden zu Perlen verwandeln. Die 14 Nothelfer als Bilder einer christlichen Therapie. Münsterschwarzach 1997.

Hofmann, Winfried: Unsere Heiligen als Schutzpatrone. Legenden und Biographien. Regensburg 1987.

Läpple, Alfred: Das Hausbuch der Heiligen und Namenspatrone. München 1984

Lutz, Dominik: Der Gnadenaltar in Vierzehnheiligen. Staffelstein 1993.

Manhart, Sigmund/Pfeifer, Michael/Voderholzer, Rudolf: Bei Gott für uns stets Fürbitt tut. Haar 1994.

Meingast, Fritz: Unsere bayerischen Nothelfer. München 1982.

Melchers, Erna und *Hans:* Das große Buch der Heiligen. Geschichte und Legende im Jahreslauf. Neuaufl. München 1996.

Schreiber, Georg: Die Vierzehn Nothelfer in Volksfrömmigkeit und Sakralkultur. Innsbruck 1959.

Sellner, Albert Christian: Immerwährender Heiligenkalender. Frankfurt a.M. 1993.

Torsy, Jakob: Der große Namenstagskalender. Neuaufl. Freiburg 1997.

Wimmer, Otto/Melzer, Hartmann: Lexikon der Namen und Heiligen. Würzburg 1996.

Wallfahrerlieder aus Vierzehnheiligen, aus: *Ditfurth, Franz Wilhelm von*: Sammlung fränkischer Volkslieder, Leipzig 1855.

Am Barbaratag, aus: *Guggenmos, Josef:* Ich will dir raten. Weinheim 1992.

Dich, Sanct Barbara, wir grüßen, aus: *Bezirk Oberbayern* (Hrsg.): Mit Musik und Pauken viel. Volkstümliche Lieder VII.

Ein frohes Loblied stimmet an, aus: *Bezirk Oberbayern* (Hrsg.): Das geistliche Volkslied das Jahr hindurch. Bunte Hefte Nr. 26.

Es reitet ein Ritter durch alle Land, aus: *Bezirk Oberbayern und Bildungswerk Rosenheim* (Hrsg.): Heiligenlieder II.

Es war'n einmal drei Kaiser, aus: *Ditfurth, Franz Wilhelm von:* Sammlung fränkischer Volkslieder, Leipzig 1855.